Contents

www.ingramcontent.com/pod-product-compliance
Lightning Source LLC
Chambersburg PA
CBHW042034100526
44587CB00029B/4421
* 9 7 8 1 9 2 5 9 9 1 7 0 3 *